ウー・ウェンの100gで作る

北京小麦粉料理

はじめに

私が生まれ育った中国・北京では小麦粉料理が主食。手作りの水餃子や炸醤麺は日常の食卓にのぼっていましたし、道端の屋台で揚げたての油条（揚げパン）と温かい豆乳を食べる光景は朝の風物詩でした。

30年前に日本に来て、祖母や母が当たり前のように作っていた中国の家庭料理があまり知られていないことを感じ、中国人の暮らしと食文化を伝えたいと、クッキングサロンを始めました。

中国の家庭では小麦粉料理を作るとき、小麦粉も水も目分量。それをどなたでも分かりやすく作れるように、2001年に『北京小麦粉料理』の本を出版しました。日本でもおなじみのものから、あまり知られていないものまで計64品を網羅した、小麦粉料理大全集とも呼べるものです。

あれから20年。クッキングサロンの生徒さん達の反応や、これまで積み重ねてきた仕事を経て、作りやすさも分量も時代に合ったレシピへと進化させたのが『100gで作る北京小麦粉料理』です。

100gとは、肉まんや花巻にすると4個分、餃子にすると

20個分。これなら作りたいときにいつでも作れますし、たとえ失敗してもあまり気にならないくらいの分量です。

　この本では、日々の食卓に役立つ実用的なものだけを収録しました。小麦粉、水分、油という形のないものから生み出す面白さ！　小麦粉だからこそできる中国料理の奥深さがあります。皆さまが大好きな餃子や焼麦（シューマイ）も、皮から作るおいしさと楽しさをぜひ実感してください。

　小麦粉料理の上達には、とにかく慣れるのがいちばんです。「100g」の最小単位をマスターすれば一生もの。自由に単位を増やし、ご家族やご友人と皆で一緒に作る楽しさは、どなたにも喜んでいただけることでしょう。手作りは最高のぜいたくです。

　小麦粉文化は中国食文化の土台といっても過言ではありません。日本の皆さまが小麦粉料理を好きになって、中国を近しく感じてくれたら、こんなにうれしいことはありません。

ウー・ウェン

もくじ

小麦粉について

小麦粉料理は粉と水だけのシンプルな料理です。粉の種類と水分量によって、味はがらりと変わります。この本では100gの小麦粉に対して、40mlのガーダもあれば、100mlのボーユイもあります。水分量によって、味も成形も変化することがわかるのではないでしょうか。

小麦粉はタンパク質の含有量に応じて、薄力粉、強力粉などに分類されます。小麦粉を水でこねると、小麦粉のタンパク質が水とむすびついてグルテンが形成されますが、タンパク質が多いほどグルテンの働きは強くなります。

中国では、加える水の温度を、水・ぬるま湯、熱湯と使い分けることで、グルテンの量をコントロールします。中国の小麦粉を日本で代用するなら中力粉や地粉がおすすめですが、今回は手に入りやすい薄力粉と強力粉を混ぜることで"小麦粉"と同じように使えるようにしました。また、中国でよく使う全粒粉の配合も紹介しています（p53）。

粉によって必要な水分量は異なるので、それぞれに合わせたレシピもご紹介しています。慣れないうちは水分が少ないほうが成形しやすいのですが、慣れてくると水分が多い柔らかい生地のほうが、自在に扱いやすいことに気づきます。ぜひ、いろいろと試してみてください。

道具について

主に使うのは、菜箸、ボウル、麺棒、麺台、包丁、フライパン、鍋。
水餃子にはジャーレン（または網杓子）が、焼麦や花巻、包子などには蒸籠がおすすめです。

菜箸

小麦粉と水分を混ぜるのに使います。小麦粉と水分がなじん
でから手を使ってこねるので、手はほとんど汚れません。

ボウル

重みのある安定性のあるものがおすすめ。生地作りには 26㎝
径の大きなものが便利です。

麺棒

水餃子や包子には太さ 2.5 〜 3㎝径、長さ 20 〜 25㎝ほどの短
いものを。麺や餅には太さ 3㎝径、長さ 40㎝前後の長いものを
使います。

麺台

生地の水分と相性がよい木製の板がおすすめ。こねたりのばし
たりするときは、下に濡れ布巾などを敷いて安定させます。

ジャーレン

水餃子を茹でる際に使います。湯切りや油切りにも便利です。
網杓子でも代用できます。

包丁

本書では、刃渡りが 16 〜 20㎝ほどのものを使っていますが、
使い慣れているもので OK。

蒸籠

鍋に湯を沸かし、その上にのせて蒸し料理に使います。底はす
のこ状で蒸気をよく通しますが、蓋から蒸気が程よく逃げ、下
に水滴が落ちる心配がありません。花巻や包子などの蒸し料理
はもちろん料理の温め直しにも使います。木製や竹製で24㎝
前後のサイズがおすすめ。

1 カップ = 200ml、大さじ 1 = 15ml、
小さじ 1 = 5 ml です。
打ち粉は、生地と同じものを使います（すべて
分量外）。薄力粉と強力粉を混ぜた生地の場合、
どちらを使っても大丈夫です。

小麦粉料理は
とってもカンタン！

みんなで作っても
楽しい！

《小麦粉料理の基本》

壱

小麦粉と水分を混ぜて生地を作る。

弐

生地をこねる。

参

生地を成形して、加熱する。

すべての小麦粉料理はこの手順で作れます

◎小麦粉料理の基本 その1 〈水・ぬるま湯で生地を作る〉

1 小麦粉と水分、菜箸を用意する。粉を
ふるう必要はなし。

2 ボウルに小麦粉を入れ、菜箸で表面を
ならす。

3 水を2、3回に分けて回し入れる。そ
の都度、菜箸でよく混ぜて水を小麦粉
に吸収させる。

6 指を広げた手でさらにかき混ぜ、より
水分をなじませる。

7 水分が均等に吸収された状態。

8 手でこねる。

4 水がすべて入ったら、ボウルについた粉もこそげ落としながら、さらに全体に水を行き渡らせるように混ぜる。

5 菜箸についた生地をしごき取る。

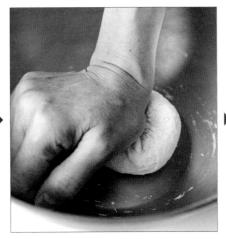

9 手のひらで押すようにしながら、ひとつの固まりになるようにまとめていく。ボウルについた小麦粉は生地でこそげ取る。

10 表面が滑らかになったら、ボウルの中に入れ、ボウルに固く絞った濡れ布巾をかけて寝かせる。

◎小麦粉料理の基本 その2 〈熱湯で生地を作る〉

1 ボウルに小麦粉を入れ、菜箸で表面をならす。

2 熱湯を温度が下がらないよう、一気に回し入れる。小麦粉のデンプン質が反応して透明感が出る。

5 小麦粉と水分がなじんだら、手でこねる。ひとつの固まりになるようにまとめていく。

ボウルについた粉も生地でこそげ取る。熱湯で作る生地はあまり固くないので、指先で外側の生地を内側に入れるようにローリングさせる。

3 菜箸で手早く混ぜ、ボウルについた小麦粉もこそげ落としながら水分を行き渡らせるように混ぜる。

4 混ぜているうちに冷めてくるので、菜箸についた生地をしごき取り、指を広げた手でさらに粉気がなくなるまでかき混ぜる。

水分がなじむと、手にもボウルにもくっつかなくなる。表面が滑らかになったらこね上がり。

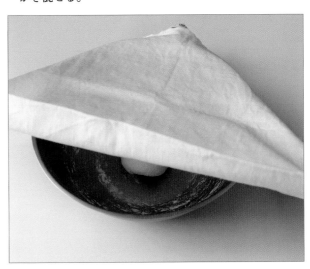

6 ボウルに固く絞った濡れ布巾をかけて、余熱をとりながら寝かせる。

◎小麦粉料理の基本 その3　〈生地のこね方〉

●固めの生地

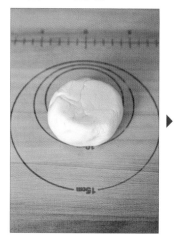  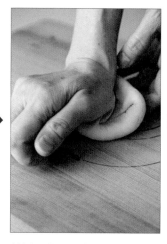 

1 生地をボウルから取り出し、麺台の上にのせる。

2 手のひらの付け根に力を入れ、押し出すようにしてこねる。

外側の生地を内側に入れ、ローリングさせる。

3 指先を引っ掛けて先端を手前に折り返し、

●柔らかめの生地

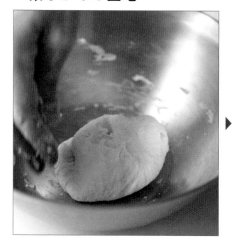  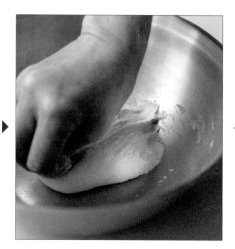

1 ボウルの中でこねる。

2 指先でつまむように生地を持ち上げ、

3 外側の生地を内側に入れてローリングさせ、小麦粉に水分を吸収させる。

4 再び手の付け根に力を入れて押し出す。

5 一定方向に2〜3回ほどこねたら、生地を90度回転させ、同様にこねる。

6 2〜5の作業を繰り返し、生地の表面が滑らかになったら、こね上がり。

水分が多い分、手やボウルにくっつきやすいので、猫パンチのような素早さで水分をなじませる。

4 水分が吸収されて、生地が滑らかになり、ボウルにつかなくなってきたらこね上がり。

◎小麦粉料理の基本 その4 〈生地の切り分け方〉

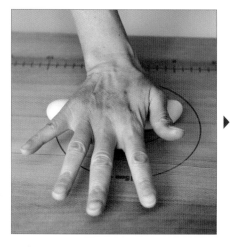 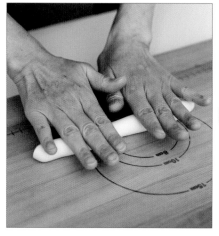 

1 生地を手のひらで転がしながら必要な長さの棒状にする。均等な太さになるように、両手を生地からはみ出さないようにのせて転がす。

2 端も均等な太さになるよう、指先で整える。

 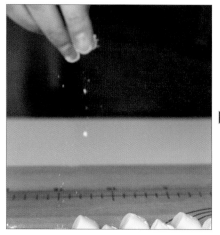 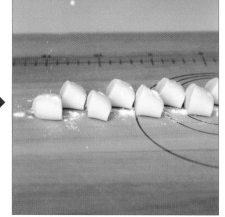

4 切り分けた生地に少量の打ち粉を振る。

 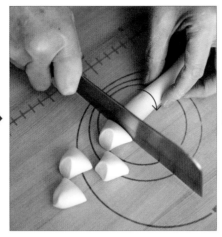 

3 生地を前後に 90 度ずつ転がし、包丁で切り分ける。

5 指を広げて手のひらを丸めるようにし、　6 1つずつ生地の切り口を上にして、手のひらで垂直に押しつぶす。
　その中で生地を滑らせるように転がし
　て、打ち粉を全体にまぶしつける。

水・ぬるま湯で作る生地

小麦粉に水を加えて作る生地は加熱すると、もっちりとした食感になります。

水餃子はもちもちに。麺はつるつるに。水かぬるま湯かは、季節や気温によって選びます。

寒いときは粉に水がなじむのに時間がかかるので、人肌くらいのぬるま湯を使って。

饺子（水餃子）

炸酱面（ジャージャン麺）

担担面（タンタン麺）

疙瘩汤（ガーダスープ）

拨鱼（ボーユイ）

猫耳（マオアール）

大饼（ダービン）

葱花饼（ツォンホアビン）

肉饼（ロービン）

馅饼（シャービン）

餃子 *jiao zi*

水餃子

中国で餃子といえば、水餃子のこと。水餃子は、中国では1年の始まりである春節（旧正月）に食べる、縁起のいい料理とされています。皮が主食で、餡がおかずと考えられており、餡は季節の野菜にタンパク質を組み合わせた完全食で、大変栄養バランスの良い食べものです。おいしさの理由は手作りの皮にあります。もっちりつるんとした皮の中に閉じ込められた肉汁や野菜の香りが、かじると溢れ出すのがたまりません。茹で汁もおいしいので、野菜を足してスープに仕立てるのもおすすめ。

◎**材料**（20個分）

〈生地〉

強力粉・薄力粉	各50g
水	50ml

〈餡〉

豚薄切り肉	200g
キャベツ	100g
生姜（みじん切り）	1片
長葱（みじん切り）	10cm
A 黒胡椒	少々
酒	大さじ1
醬油	大さじ1
オイスターソース	小さじ1
粗塩	小さじ1/3
太香胡麻油	大さじ1/2

◎**作り方**

1 p10〜11、p14〜15を参照して生地を作る。

2 生地を寝かせている間に餡を作る。
豚薄切り肉を細かく刻み、Aを上から順に加え、その都度混ぜる。

3 キャベツはさっと茹でて水気をきり、みじん切りにして水気を絞る。生姜、長葱、2とよく混ぜ合わせる。

4 p22〜23を参照して皮を作る。p24〜25を参照して皮で3の餡を包み、茹でる。

◎水餃子の成形

◎水で生地を作る
▶ 基本その1（p10〜11）

◎固めの生地のこね方
▶ 基本その3（p14〜15）

◎寝かせる
▶ 30分

◎切り分け方
▶ 基本その4（p16〜17）

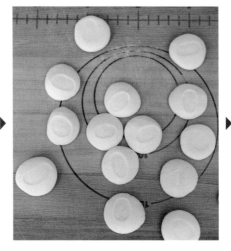

1 生地を麺台の上で少しこねる。p16〜17を参照し、生地をまず2等分にしてから、それぞれを直径2cm×20cmほどの棒状にし、それぞれを10等分にする。1つずつを手のひらで垂直に押しつぶす。固く絞った濡れ布巾をかけておく。

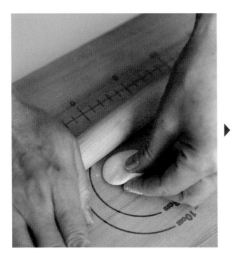

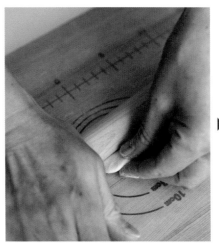

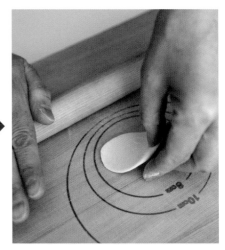

2 親指と人さし指、中指、薬指で生地の縁を持つ。

3 麺棒で手前から中心に向かってのばす。麺棒は生地の中心で止めて戻す。

4 生地を回転させる。

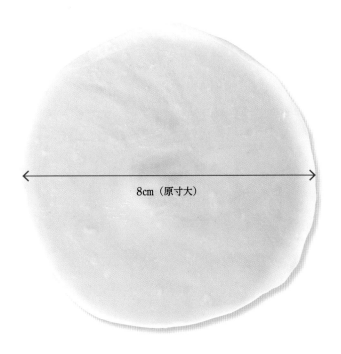

8cm（原寸大）

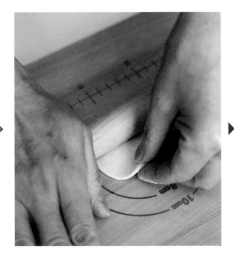

5 麺棒は生地の手前から力を入れて、戻すときにもう片方の手で生地をまわしていくのがコツ。この作業を繰り返す。

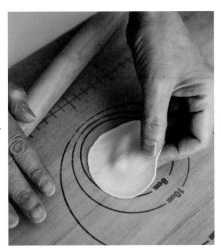

6 麺棒は常に生地の手前から中心までを行き来するので、生地は中心がやや厚く、周りが薄くなる。餡が包みやすい。

7 直径8cmまでのばす。生地が乾いてしまうので、5枚ずつのばしては餡を包むこと。

23

◎餡を包む

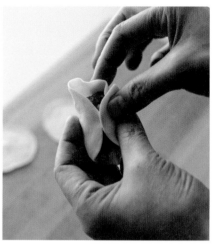

1 皮の中心に菜箸で餡をのせ、平らにな
　らす。餡の量は、のばす前の生地の2
　倍が目安。

2 2つ折りにして中心をつまんで留める。
　手前の皮の中心近くをつまみ、

3 そのひだに次のひだを寄せるように、
　人さし指で餡を下からなぞるように向
　こう側の生地を持ってくる。

◎水餃子を茹でる

1 鍋にたっぷりの湯（3ℓが目安）を沸か
　し、水餃子を少しずつ入れる。全量入
　ったら鍋底につかないようにやさしく
　混ぜる。

2 蓋をし、再度沸騰させる。

4 中心まで同様にひだを作っていく。餡をなでるようにすると、空気が抜けて包みやすい。

5 もう半分も同じように中心までひだを作る。

6 最後は縁の全体をぎゅっとつまんで、きちんと閉じているか確認すること。

3 再び沸騰したら蓋を取り、

4 水餃子が浮かんできたら網杓子で沈めながら茹でる。餡によって茹で時間は変わる。

5 皮が膨張してぷっくりと膨らんできたら茹で上がりの目安。網杓子ですくい上げ、水気をきり、器に盛る。

餡 のバリエーション

タンパク質＋野菜をルールに
いろいろと試してみて。

▶レシピは p28 ～ 30

［北京らしい組み合わせ］
ラム肉＋トマト

［ベジタリアンにはこちら］
厚揚げ＋きのこ＋青じそ

［ミントを混ぜるとおいしい］
海老＋香味野菜

［味付けはザーサイの塩気のみ］
鶏肉＋ザーサイ＋三つ葉

［肉なしだけど食べ応え十分］
炒り卵＋春菊

［蓮根の食感がアクセント］
牛肉＋蓮根

水餃子 餡のバリエーション

鶏肉とザーサイ、三つ葉の水餃子

◎材料（20個分）

鶏挽肉	250g
A 黒胡椒	少々
酒	大さじ1
太香胡麻油	大さじ1/2
ザーサイ（みじん切り）	50g
三つ葉（粗く刻む）	50g

◎作り方

1 皮の生地を寝かせている間に餡を作る。
鶏挽肉にAを上から順に加え、その都度混ぜる。ザーサイ、三つ葉を加えて混ぜ合わせる。

厚揚げ、えのきだけ、青じその水餃子

◎材料（20個分）

厚揚げ（ざっくり刻む）	200g
えのきだけ（5mm長さに刻む）	100g
青じそ（細かく刻む）	1束（20枚）
A 黒胡椒	少々
味噌	大さじ1と1/2
太香胡麻油	大さじ1/2

◎作り方

1 皮の生地を寝かせている間に餡を作る。
厚揚げにAを上から順に加え、その都度混ぜる。えのきだけ、青じそを加えて混ぜ合わせる。

牛肉と蓮根、
黒胡椒の水餃子

◎材料（20個分）

牛薄切り肉·······················200g

A 黒胡椒粒（叩きつぶす）·······30粒
　酒·····························大さじ1
　粗塩···························小さじ1/3
　オイスターソース·············大さじ1
　太香胡麻油···················大さじ1/2

蓮根（皮をむいてみじん切り）·········100g

◎作り方

1 皮の生地を寝かせている間に餡を作る。
　牛薄切り肉を細かく刻み、Aを上から順に加え、その都度混ぜる。
　蓮根を加えて混ぜ合わせる。

海老とクレソンの
水餃子

◎材料（20個分）

海老（背ワタを取り除く）···········250g

A 黒胡椒·························少々
　酒·····························大さじ1
　粗塩···························小さじ1/2
　太香胡麻油···················大さじ1

クレソン（粗く刻む）·······1束（50g）
ミント（粗く刻む）···········1パック

◎作り方

1 皮の生地を寝かせている間に餡を作る。
　海老を細かく刻み、Aを上から順に加え、その都度混ぜる。
　クレソン、ミントを加えて混ぜ合わせる。

ラムとトマトの水餃子

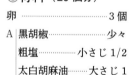

◎材料（20個分）

ラム肉（焼き肉用）⋯⋯⋯⋯⋯200g

A｜酒⋯⋯⋯⋯⋯⋯⋯⋯⋯⋯大さじ1

　｜醬油⋯⋯⋯⋯⋯⋯⋯大さじ1と1/2

　｜クミンパウダー⋯⋯⋯⋯小さじ1/3

　｜太香胡麻油⋯⋯⋯⋯⋯⋯⋯大1/2

トマト（種を取り除く）⋯⋯1個（150g）

◎作り方

1 皮の生地を寝かせている間に餡を作る。
　ラム肉を細かく刻み、Aを上から順に加え、その都度混ぜる。

2 トマトを粗く刻み、1に入れる。水分が多いため、先に混ぜず、混ぜながら包む。

炒り卵と春菊の水餃子

◎材料（20個分）

卵⋯⋯⋯⋯⋯⋯⋯3個　　　春菊⋯⋯⋯⋯⋯⋯⋯⋯200g

A｜黒胡椒⋯⋯⋯⋯少々　　　太白胡麻油⋯⋯⋯⋯大さじ2

　｜粗塩⋯⋯⋯⋯小さじ1/2　　太香胡麻油⋯⋯⋯⋯小さじ1

　｜太白胡麻油⋯⋯大さじ1

◎作り方

1 皮の生地を寝かせている間に餡を作る。
　卵を溶きほぐし、Aを上から順に加えて混ぜる。フライパンに太白胡麻油を熱し、炒める。

2 春菊はさっと茹でて水気をきり、粗みじん切りにして水気を絞る。1の炒り卵、太香胡麻油と混ぜ合わせる。

茹で汁をスープに

茹で汁には餡の旨味や風味が移っているので、捨てるなんて勿体な
い。野菜を加えるだけで、簡単スープになります。時間がないとき
は、海苔を浮かべるだけでも十分。皮によるとろみもついているし、
薄味なのも水餃子に添えるのにちょうどよい塩梅。

炸醤面 *zha jiang mian*

ジャージャン麺

中国では「冬至餛飩（ワンタン）、夏至麺」という言葉があり、夏至の日には「細く長く健康で長生きを」という願いを込めて炸醤麺（ジャージャン麺）を食べるのです。また夏は新小麦の季節でもあり、収穫を祝う料理でもあります。

麺は肉味噌とよく絡むように短めです。麺は茹で立てでも、流水で冷やしても OK。

肉味噌のほか、季節の野菜をプラスすればバリエーションは無限大。寒い冬は麺を長くして、茹で汁と一緒に温かい汁麺に。

夏至

◎材料

〈生地〉（1人分）

強力粉	100g
水	50ml

〈肉味噌〉（作りやすい分量）

豚薄切り肉	150g
味噌	100g
甜麺醤	大さじ2
水	100ml
生姜（みじん切り）	1片
長葱（みじん切り）	10cm分
太白胡麻油	大さじ2
きゅうり（千切り）	1本
みょうが（千切り）	2個

◎作り方

1 p10〜11、p14〜15を参照して生地を作り、寝かす。

2 肉味噌を作る。味噌に甜麺醤を加えて混ぜ、水で溶きのばす。

3 フライパンに太白胡麻油を熱し、粗く刻んだ豚薄切り肉を入れてよく炒め、生姜と長葱を加えて、香りが出るまでさらに炒める。

4 3に2を加えて5〜6分炒め、鍋の縁に油が浮いてきたら火を止める。

5 p34〜35を参照して麺を作る。鍋にたっぷりの湯を沸かし、麺を入れてさっとかき混ぜてから蓋をする。

再び沸騰したら蓋を外し、中火で2分間茹でる。麺が表面に浮き上がり、透明感が出てきたら、網杓子ですくいとって水気をきる。

6 器に盛り、4の肉味噌ときゅうり、みょうがを添える。よく混ぜていただく。

肉味噌

炸醤（ジャージャン）は「揚げた味噌」という意味。味噌に肉を加え、油で揚げるようにじっくり炒めて作ります。倍量作って花巻に添えたり、きゅうりやレタスと一緒に食べたり、ピーマンや茄子を炒めるときに入れたりと重宝します。ひきわり納豆を混ぜても。甜麺醤＋味噌＋水を、日本古来の甘い味噌「江戸味噌」に替えて作ると、さらに美味。

◎炸醤麺の成形

◎水で生地を作る
▶基本その1（p10～11）

◎寝かせる
▶（40分～1時間）

◎固めの生地のこね方
▶基本その3（p14～15）

1 生地を取り出し、表面が滑らかになる
　までこねる。丸くまとめて平たくつぶ
　す。両手で包むようになじませながら
　少し広げる。

2 麺台の上で生地を少しずつ回しながら、
　麺棒で直径15cmになるまでのばす。

6 直径30cmになったら生地に打ち粉を
　振り、麺棒に生地を巻き取り、

7 端を3～4cm残したところで、中心に
　一直線に包丁で切り込みを入れる。

8 麺棒と端の生地を取り除き、横半分に
　切る。生地を重ね、端の生地も半分に
　切って重ねる。

3 生地の表面に打ち粉を振り、手前から麺棒に巻き取る。

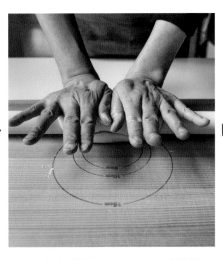

4 そのまま麺棒を1、2、3と3回転させながら前に押し出す。

5 生地を開いて90度回してから、また麺棒に巻き取り、同じ作業を3回繰り返す。中央が薄くなってきたら端に手を当てて、均等な厚みにする。

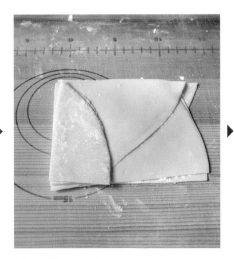

長さが揃って切りやすい。

9 端から2mm幅に切る（幅は好みでよいが、細いほうが肉味噌とよく絡む）。

10 切り終えたら持ち上げて、余分な粉を払い落とす。

春夏秋冬の麺

春

夏

秋

冬

菜の花

◎材料（1人分）

p33 の肉味噌… 適量

菜の花…………… 100g

◎作り方

1 p34 〜 35 を参照して麺を作る。

2 菜の花を固めに茹でて水にさらし、水気を絞る。食べやすい長さ
に切る。

3 茹でた麺を器に盛り、肉味噌と2を添える。よく混ぜていただく。

焼ききのこ

◎材料（1人分）

p33 の肉味噌… 適量　　太白胡麻油……… 大さじ 1/2

エリンギ……… 100g

舞茸……………… 100g

◎作り方

1 p34 〜 35 を参照して麺を作る。

2 エリンギは薄切りにする。舞茸はひと口大に裂く。フライパンに
太白胡麻油を熱し、きのこを入れて全面に広げ、中火で水分が出
る直前まで焼く。

3 茹でた麺を器に盛り、肉味噌と2を添える。よく混ぜていただく。

茄子と枝豆

◎材料（1人分）

p33 の肉味噌………………… 適量

茄子……………………………… 1本

枝豆……………………… 50g（正味）

香菜……………………………… 適量

◎作り方

1 p34 〜 35 を参照して麺を作る。

2 茄子のヘタを取って皮をむき、7分間蒸して 10 分おき、縦半分に
切る。枝豆は茹でてさやから取り出す。

3 茹でた麺を器に盛り、肉味噌と2と香菜を添える。よく混ぜてい
ただく。

白髪葱と茹で汁

◎材料（1人分）

p33 の肉味噌… 大さじ3杯分

長葱……………………… 10cm

◎作り方

1 下記を参照して麺を作る。

2 長葱は繊維に沿って縦に中央まで切り込みを入れて芯を除き、平
らに重ねる。繊維に沿って千切りにし、氷水に入れてさらす。

3 茹でた麺を器に盛り、茹で汁 400ml を注ぎ、肉味噌と2を添える。

◎冬の汁麺には長さのある麺を

1 p34 〜 35 の成形を参照し、
直径 30cm までのばし、生地
を蛇腹に折り畳む。

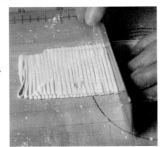

2 端から 2mm 幅に切る。

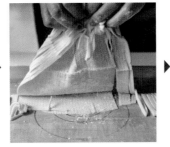

3 端を持ち上げ、余分な打ち
粉を払い落とす。

37

担担面 *dan dan mian* タンタン麺

中国四川省で発祥した担々麺（タンタン麺）。料理名にも表れているように、もともとは担ぎ商いの屋台のメニュー。だから中国の担々麺は、汁気のない和え麺なのです。四川省は中国四大盆地の一つ。高温多湿の気候なので、発汗作用のある唐辛子をよく食べますが、それは単に辛さを求めるためではなく、栄養価のある乾燥野菜として。担々麺は、唐辛子、麺、肉と栄養満点で、中国の医食同源そのもの。麺は炸醤麺より少し細めに切ったほうが絡みやすくなります。唐辛子の旨味を引き出した自家製辣油で和えて召し上がれ。

◎**材料**（1人分）

豚薄切り肉‥‥‥‥‥‥‥‥‥‥‥100g
酒‥‥‥‥‥‥‥‥‥‥‥‥‥‥大さじ1
醤油‥‥‥‥‥‥‥‥‥‥‥‥大さじ1/2
黒胡椒‥‥‥‥‥‥‥‥‥‥‥‥‥‥少々
細葱（小口切り）‥‥‥‥‥‥‥3〜4本
太白胡麻油‥‥‥‥‥‥‥‥‥‥小さじ1
自家製辣油‥‥‥‥‥‥‥‥‥‥‥‥適量

◎**作り方**

1 p34〜35を参照して麺を作る。

2 豚薄切り肉を粗く刻む。

3 フライパンに太白胡麻油を熱し、2を入れて炒める。酒を加え、肉に火が通ったら、醤油を加えて絡める。

4 器に辣油を入れ、茹で上がった麺を盛り、3と黒胡椒、細葱をのせる（辣油を先に入れた方が、麺にからみやすくなる）。よく混ぜていただく。

自家製辣油

◎**作り方**（作りやすい分量）

1 粗挽唐辛子（できれば韓国産キムチ用）大さじ4に水大さじ2を加えて混ぜ、しばらくおいてなじませる。

2 フライパンに太香胡麻油大さじ3、1を加えてなじませてから火をつける。弱火で、香りが出て水分が飛ぶまで炒める。

3 油が浮いてきたら醤油大さじ3を加えてさらに加熱し、煮立ったら火を止める。

4 すり胡麻大さじ2を加えてよく混ぜ、器に移す。

疙瘩汤 *ge da tang* ガーダスープ

ガーダとは"たんこぶ"や"げんこつ"のような意味で、麺でも皮でもない小麦粉料理の総称のようなもの。p44のボーユイも p48の マオアールもガーダの仲間です。なかでも特に手軽にできるのが、このガーダスープ。小麦粉と水を少しずつ混ぜて細かい固まりを作り、スープに入れて煮込むだけなので、あっという間に1品ができ上がります。これ以上ないくらいシンプルだからこそ、混ぜ方が重要なポイント。何度も繰り返し作って慣れれば、忙しいときの強力な助っ人になってくれる料理です。朝ごはんや夜食によく作ってくれた母のことを思い出します。

◎材料（2〜3人分）

〈生地〉
薄力粉	100 g
水	40 ml

〈スープ〉
水	800 ml
トマト（ひと口大に切る）	2 個
卵	2 個
粗塩	小さじ 1/2
黒胡椒	少々
太香胡麻油	大さじ 1/3

◎作り方

1 鍋にスープ用の水を沸かし、沸騰したらトマトを加え、2〜3分間煮る。

2 p42〜43を参照して生地を作る。

3 沸騰したスープの中に2を菜箸でほぐしながら加える。

4 ガーダが表面に浮き上がってきたら、溶きほぐした卵を回し入れる。

5 卵に火が通ったら、粗塩、黒胡椒、太香胡麻油で調味する。

小麦粉料理は粉と水から形を作る過程が面白く、楽しいもの。焼売や花巻のように美しく仕上げたり、たれに合わせて麺の細さや長さを変えたり、油を利用して層を作ったり。ところがガーダは形が決まっておらず、とても自由な存在です。小麦粉に水を加えて混ぜる加減によって、サイズも形もまちまち。沸騰したスープに入れるだけででき上がるし、味付けは粗塩、黒胡椒、太香胡麻油だけでも十分。小麦粉のおいしさがいちばんわかる料理ではないかなと思います。

◎ ガーダの作り方

1 ボウルに薄力粉を入れ、水を少量ずつ加えては菜箸で混ぜる。

2 乾いた粉に水を少しずつかけながら混ぜ、

3 全体がフレーク状になるまで丁寧にかき混ぜる。

5 沸騰したスープの中に、4をほぐしながら加える。ボウルに残った粉も加えることで、スープにとろみがつく。

6 ガーダが表面に浮き上がってきたら、

7 溶いた卵を回し入れ、火を強めて1〜2分間煮る。

4 乾いた部分がなくなれば OK。

8 火が通ったら粗塩、黒胡椒、太香胡麻
油で調味する。

焦がし醤油と落とし卵のガーダ

◎材料（2〜3人分）

〈生地〉

薄力粉 ……………………… 100g

水 ………………………… 40ml

〈スープ〉

長葱（薄切り） …………… 1/2本

卵 ……………………………… 2個

太白胡麻油 …… 大さじ1と1/2

醤油 ……………………… 大さじ2

水 ……………………………… 800ml

黒胡椒 ……………………… 少々

◎作り方

1 鍋に太白胡麻油と長葱を入れて火にかけ、香りがたったら醤油
を加える。焦がし風味がついたら水を加え、沸騰させる。

2 左記を参照してガーダを作る。沸騰したスープの中にガーダを
菜箸でほぐしながら加え、2分間煮る。

3 ガーダが表面に浮き上がってきたら卵を割り入れ、好みの固さ
になったら器に盛り、黒胡椒を振る。

拨鱼 *bo yu*　　　ボーユイ

これもガーダの一種で、元気に勢いよく跳ねる魚のような見た目からの命名。
小麦粉に水をしっかりと吸収させ、均等に柔らかい生地を作ります。その水分たっぷりのとろとろな生地を、ボウルの縁と菜箸を使って切るように細くスープに落としていくのがポイント。生地は混ぜた後、30分ほど寝かせることでコシのある麺になりますが、急いでいるときは寝かせなくても大丈夫。鍋料理の最後に入れるのもおすすめです。

◎材料（3〜4人分）

〈生地〉

強力粉	100g
水	100mℓ

〈スープ〉

	鶏手羽先（さっと茹でこぼす）	4本
A	水	800mℓ
	酒	大さじ1
	黒胡椒	10粒
	粗塩	小さじ1
	生姜（千切り）	適量

◎作り方

1 鍋に鶏手羽先とAを入れて沸かし、沸騰したら弱火で30分間煮る。

2 p46〜47を参照して生地を作る。

3 2のボウルを持ってスープの鍋の上に傾け、もう片方の手で菜箸を1本持って、ボウルの縁に沿って菜箸を滑らせるようにして生地を切り落とす。

4 すべて入れ終わり、再び沸騰したら2分間煮込む。粗塩で調味し、生姜をのせる。

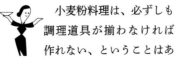

小麦粉料理は、必ずしも調理道具が揃わなければ作れない、ということはありません。ボーユイは、ボウルの中で菜箸を使って、小麦粉と水を同量で混ぜるだけなので、麺台も麺棒も不要。プロは刀削麺を専用の道具で作りますが、家庭ではボーユイがおすすめ。形が不揃いになるのもまた魅力です。

◎ボーユイの作り方

1 縁が薄く、片手で持ちやすいボウルや器に強力粉を入れ、水を3回に分けて加え、ダマが残らないように菜箸でよく混ぜる。

3 濡れ布巾をかけて、30分ほど寝かせておく。スープを作る。

4 鍋の上で作業をするので、必ず弱火にする。ボウルをスープの鍋の上に傾け、菜箸を1本持って、

5 ボウルの縁に沿って滑らせるように生地を切り落とす。

2 粘りを出すとコシが強くなる。

6 すべて入れ、再び沸騰してから2分間
　煮込む。

きのこと酸辣湯のボーユイ

◎材料（2〜3人分）

〈生地〉

強力粉……………………………… 100g

水…………………………………… 100ml

〈スープ〉

水…………………………………… 600ml

しめじ（石突きを除いてほぐす）… 150g

黒酢……………………………… 大さじ2

醤油…………………………… 大さじ1/2

粗塩…………………………… 小さじ1/3

黒胡椒………………………… 小さじ1/3

太香胡麻油…………………… 大さじ1

◎作り方

1 鍋に水としめじを入れて火にかけ、煮立ったら弱火にして蓋をし、5分間煮る。黒酢、醤油、粗塩、黒胡椒で調味する。

2 左記を参照してボーユイを作る。

3 すべて入れ、再び沸騰したら2分間煮込み、太香胡麻油を加える。

猫耳 *mao er* マオアール

こちらもガーダの一種で、猫耳（マオアール）というなんとも可愛い名前のとおり、くるんと丸まった小さな形をしています。
もともとは粉食を文化とする山西省の料理。日がな1日、料理をしながらおしゃべりをするのが日常だったことから生まれたのでしょう。忙しい現代だからこそ、クイックレシピだけでなく、こうして手を動かして料理する時間そのものを楽しむことも大切にしたいですね。作業する時間に無心になれるのもよく、数が多い分、一度作るだけで必ず成形をマスターできるはず。スープに入れてもいいし、茹でてから炒めたときの食感は、手をかけた甲斐のあるおいしさです。

◎材料（1～2人分）
〈生地〉
　強力粉・薄力粉 ……………………… 各50g
　水 ………………………………………… 45ml
〈具〉
　長葱（斜め薄切り）………………… 1/2本
　黒酢 …………………………………… 大さじ1/2
　醤油 …………………………………… 大さじ1/2
　黒胡椒 ……………………………………… 少々
　太白胡麻油 ………………………… 大さじ1

◎作り方
1　p10～11を参照して生地を作り、p50～51を参照して成形する。
2　鍋にたっぷりの湯を沸かし、1を入れてさっとかき混ぜてから蓋をする。再び沸騰したら蓋を外し、中火で3分間茹でる。猫耳が表面に浮き上がり、透明感が出てきたら、網杓子ですくいとって水気をきる。
3　フライパンに太白胡麻油を熱し、長葱を入れてしばらく炒める。長葱の香りが出たら2を加え、しっかりと絡めるように炒める。黒酢と醤油で調味し、さらに炒める。水気がなくなったら黒胡椒を振り、器に盛る。

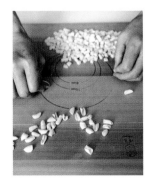

 ユーラシア大陸を通る東西の交易路、シルクロード。その始点が、かつての皇都である西安です。この一帯は小麦をメインに育てているため、お米よりも小麦を使った料理が有名。そんな西安の猫耳は、本書ではいちばん小さく成形した料理です。さらにシルクロードから派生した小麦粉ロードもあります。南に行けば四川の担々麺となり、北へ行けば北京の炸醤麺というように、それぞれの土地に伝わった小麦粉は気候風土や生活に合わせて発達。代表料理ができていったのです。

◎猫耳の成形

◎水で生地を作る
　▶基本その1
　　（p10〜11）

◎固めの生地の
　こね方
　▶基本その3
　　（p14〜15）

◎寝かせる
　▶30〜40分

1 生地は表面が滑らかになる
　までこねる。両手で包みな
　がら丸くまとめてつぶし、
　直径10cmまで広げる。

2 麺台におき、生地を少しず
　つ回しながら直径15cmに
　なるまで麺棒でのばす。

3 包丁で生地の厚みと同じ幅
　（約4〜5mm）に切る。

5 1つずつ麺台の上に親指の
　腹で転がすように押しのば
　し、くるりと丸まった形に
　していく。

6 乾きすぎたり、打ち粉が多
　くて滑ったりすることが
　NG。たまに固く絞った濡
　れ布巾に親指をつけると、
　作業しやすい。

7 たっぷりの湯に6を入れて
　さっと混ぜ、中火で3分間
　茹でる。浮き上がり透明感
　が出てきたら水気をきる。

8 太白胡麻油を熱し、長葱を
　入れて炒め、7を加えて水
　気を飛ばしながら炒める。

50

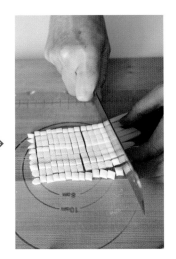

4 サイの目に切り、切り分け
　た上から少量の打ち粉を振
　ってバラバラにほぐす（打
　ち粉は多すぎないように）。

9 黒酢と醤油で調味し、小麦
　粉の甘みを引き出す。仕上
　げに黒胡椒を振る。

いかとカラーピーマンのピリ辛 マオアール

◎材料（1〜2人分）

〈生地〉

　強力粉・薄力粉⋯⋯⋯ 各50g
　水⋯⋯⋯⋯⋯⋯⋯⋯⋯ 45ml

〈具〉

　いか（輪切り）⋯⋯⋯ 1杯
　カラーピーマンの赤と黄色

（種を取って輪切り）⋯⋯ 各1個
にんにく（薄切り）⋯⋯⋯ 1片
生姜（千切り）⋯⋯⋯⋯⋯ 1片
豆板醤⋯⋯⋯⋯⋯⋯⋯ 小さじ1
黒酢⋯⋯⋯⋯⋯⋯⋯⋯ 小さじ1
黒胡椒⋯⋯⋯⋯⋯⋯⋯⋯ 少々
太白胡麻油⋯ 大さじ1と1/2

◎作り方

1 左記を参照して猫耳を作る。

2 フライパンに太白胡麻油を熱し、にんにくと生姜、豆板醤を入
　れて炒め、香りが出たらいかとカラーピーマンを加えてさらに
　炒める。1を加えて水分を飛ばしながら炒め、黒酢と黒胡椒で味
　を調える。

大餅 *da bing*

ダービン

餅（ビン）は小麦粉の生地を丸く平たく成形したものの総称。なかでも代表的な大餅（ダービン）は、打ち粉の代わりに油を使うことで生地の層を作るパイのような料理です。のばした生地を巻いてからつぶし、複雑な層を作ります。そのままおかずに添えるもよし、中におかずを詰めてもよし。油を太香胡麻油やオリーブオイルなど、好みの香りのオイルに替えて作っても楽しいですよ。

◎材料（各1枚分）

〈生地〉

・薄力粉生地 a

薄力粉	100g
ぬるま湯	60ml
粗塩	小さじ 1/4
太白胡麻油	大さじ 1/2

・薄力粉＋強力粉生地 b

薄力粉・強力粉	各 50g
ぬるま湯	70ml
粗塩	小さじ 1/4
太白胡麻油	大さじ 1/2

・全粒粉＋強力粉生地 c

全粒粉・強力粉	各 50g
ぬるま湯	80ml
粗塩	小さじ 1/4
太白胡麻油	大さじ 1/2

※生地の作り方は p57 を参照。

太白胡麻油（焼く際）………………大さじ 1

◎作り方

1 p10〜11、p14〜15 を参照して生地を作る。

2 p54〜55 を参照して成形し、焼く。

3 おかずを挟む場合は、半分に切る。
おかずに添える場合は、好みのサイズに切り分ける。

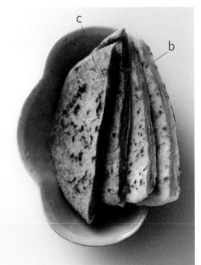

生地 b は、中国では最もベーシックな大餅です。
生地 c は、小麦粉の豊かな香りがする素朴な味わいで、わが家の一番人気です。

◎大餅の成形

◎ぬるま湯で生地を作る
▶ 基本その1 (p10～11)

◎柔らかめの生地の
こね方
▶ 基本その3 (p14～15)

◎寝かせる
▶ 10分

1 打ち粉を振った麺台の上に生地を取り出し、直径15cmにのばす。

2 四隅を引っ張って四角くする。生地の表面に粗塩を振って手で押さえ、太白胡麻油をのせ、

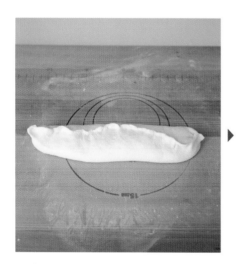

6 端をつまむようにして閉じていく。油をこぼさないよう、手早く作業すること。

7 棒状になった生地を両手で縦に持ち、ねじりながら押しつぶす。これによって、内側に螺旋状の複雑な層ができる。

3 生地の端を左右前後に折り返しながら油を全面にのばす。

4 手前から生地を巻いていく。

5 巻き終わりは、油を押し出さないように生地の端を指でつまんで、手前に持ってくる。

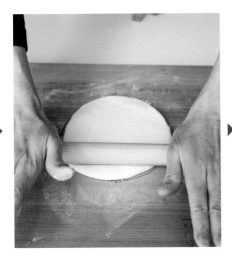

8 麺台に打ち粉を振って生地をおき、麺棒で直径15cm（p59参照）までのばす。フライパンに太白胡麻油を入れて強火でしっかりと熱し、生地を入れる。

9 10秒たったら裏に返し、蓋をして中火にする。そのまま1分ほど蒸し焼きにし、蓋を開けて素早く裏に返し、また蓋をして1分ほど蒸し焼きにする。

10 この作業を4〜5回繰り返す。蒸気が内側に充満したら蓋を取り、強火に10秒かけて焼き色をつける。

粉のバリエーション

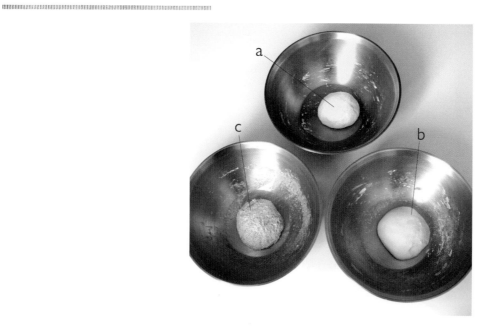

a〈薄力粉〉
　水分量が少ないため、初心者でも成形しやすい。aで作り慣れたら、ぜひbを定番にして下さい。

b〈薄力粉＋強力粉〉
　慣れると水分量が多い生地のほうが伸びがよく、扱いやすいと感じるはず。焼くときも、蒸気が多く出てよく膨らみます。でき上がりも柔らかい。

c〈全粒粉＋強力粉〉
　全粒粉は製菓用ではない、粒が粗いものを使って。吸水に時間がかかるので、粉と水分を混ぜてからしばらく寝かせた後にこねるのがポイントです。

◎全粒粉＋強力粉生地Ｃの場合

1 全粒粉と強力粉を混ぜ、菜箸で表面をならす。ぬるま湯を2、3回に分け回し入れる。その都度菜箸でよく混ぜ粉が吸収したら、次のぬるま湯を入れる。

2 ぬるま湯がすべて入ったら、ボウルについた粉もこそげ落としながら混ぜる。菜箸についた生地をしごき取る。ボウルに濡れ布巾をかけて、30分寝かせる。

3 寝かせたことで水分が吸収され、生地がなじんだ状態になる。

4 p14〜15の柔らかめの生地のこね方でこねる。指先でつまむように生地を持ち上げ、

5 指先を曲げた部分でボウルに押しつける。手やボウルにくっつきやすいので、猫パンチのような素早さで。

6 生地が滑らかになり、ボウルにつかなくなってきたらこね上がり。ボウルに固く絞った濡れ布巾をかけてさらに30分寝かせる。

大餅に挟みたいおかず

生地を寝かせている間に作れる簡単なおかずを 3 品ご紹介。

ささみの棒々鶏

◎材料

鶏ささみ肉	100g	白髪葱	10cm
A 練り胡麻	大さじ 1	生姜 (千切り)	1 片
醬油	大さじ 1	香菜 (3cm幅に切る)	1 本
黒酢	大さじ 1		
黒胡椒	少々		

◎作り方

1 鶏ささみ肉を蒸気の上がった蒸し器に入れ、強火で 2 分、弱火で 5 分間蒸す。そのまま 10 分おき、粗熱がとれたら裂き、A で和える。

2 白髪葱、生姜、香菜を 1 に入れてさっと和える。

青椒肉絲

◎材料

牛肉 (焼き肉用)	150g	ピーマン	3 個
A 黒胡椒	少々	太白胡麻油	大さじ 1
酒	大さじ 1	B 醬油	大さじ 1/2
粗塩	小さじ 1/4	オイスターソース	
片栗粉	小さじ 1/2		大さじ 1/2

◎作り方

1 牛肉は繊維に沿って細切りにし、ボウルに入れる。A を上から順に加えて下味をつける。

2 ピーマンは縦半分に切って種を取り除き、縦に千切りにする。

3 フライパンに太白胡麻油を熱し、1 を入れて中火で炒め、水分がなくなくなったら B を加えて牛肉と絡める。2 を加え、香りが出るまでさらに炒める。

葱卵焼き

◎材料

卵	3 個
長葱（斜め薄切り）	15cm
粗塩	小さじ 1/3
黒胡椒	少々
太白胡麻油	大さじ 1

◎作り方

1 ボウルに卵を溶きほぐし、粗塩と黒胡椒、長葱を加えて混ぜる。

2 フライパンに太白胡麻油を熱し、1を流し入れ、中火にかける。
菜箸で大きくゆっくりと混ぜ、下のほうが固まってきたら弱火
にし、4つくらいの固まりに切り分ける。焼き色がつくまで焼く。

15cm（原寸大）

葱花饼 *cong hua bing* ツォン ホア ビン

大餅に刻んだ葱を混ぜ込んだ葱花餅（ツォンホアビン）。焼いているとき、たっぷり入れた葱の香りがふわーんと漂って、お腹がぐーっと鳴ること間違いなし。おかずやスープに添えるもよし、ハムやチーズを挟んでもよし。小さく切ってつまみにすると、ビールがぐんぐん進みます。お茶うけや子どものおやつにも最適。中国では、葱が甘くなる晩秋から初春にかけてよく作ります。

◎**材料**（1 枚分）

〈生地〉（大餅の生地 b と同じ）

薄力粉・強力粉……………………各 50g

ぬるま湯………………………………70ml

粗塩………………………………小さじ 1/4

太白胡麻油……………………大さじ 1/2

長葱（小口切り）……………………15cm

太白胡麻油（焼く際）……………大さじ 1

◎**作り方**

1 p10 ～ 11、p14 ～ 15 を参照して生地を作る。

2 p62 ～ 63 を参照して成形し、焼く。

◎葱花餅の成形

◎ぬるま湯で生地を作る
▶ 基本その1（p10〜11）

◎柔らかめの生地の
こね方
▶ 基本その3（p14〜15）

◎寝かせる
▶ 10分

1 打ち粉を振った麺台の上に生地を取り出す。直径18cmにのばし、四隅を引っ張って四角くする（p54〜55参照）。

2 生地の表面に粗塩を振って手のひらで押さえ、太白胡麻油をのせてのばし、長葱を広げる。

5 棒状になった生地を両手で縦に持ち、ねじりながら押しつぶす。螺旋状の層を作る。

6 麺台に打ち粉を振って生地をおき、麺棒で直径15cmになるまでのばす。フライパンに太白胡麻油を強火で熱し、生地を入れる。

3 手前から生地を巻いていく。葱がはみ出さないよう丁寧に。

4 巻き終わりは、油を押し出さないように生地の端を手前に持ってくる。端をつまむようにして、きちんと閉じる。

7 10秒たったら裏に返し、蓋をして中火で1分ほど蒸し焼きにし、蓋を開けて素早く裏に返し、また蓋をして1分ほど蒸し焼きにする。

8 この作業を4〜5回繰り返す。蒸気が充満し、ふっくらしたら蓋を取って、強火に10秒かけて焼き色をつける（十分に焼き色がついていれば不要）。

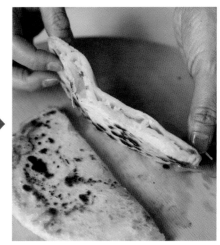

9 好みのサイズに切り分ける。

肉餅 *rou bing* ロービン

うちにごはんを食べに来る人からリクエストされることがいちばん多い人気メニュー、肉餅（ロービン）。大餅や葱花餅と同じ生地で成形が変わるだけ。おいしさの秘密は、生地の層のなかにたっぷりの肉餡を詰め、密閉させて焼くこと。内側が蒸されるので、肉餡はジューシーに、外側は香ばしく焼き上がります。薄力粉＋強力粉生地 b や、全粒粉＋強力粉生地 c にすれば、水分量が増えて生地が柔らかくなる分、餡がたくさん入るし、慣れると成形もしやすくなりますよ。お客さまの前で成形して焼くと、みんなの視線は釘付け。そしてでき立てを頬張ると、誰もがにっこり！　皆が大好きな焼き餃子より早くできるのも、おすすめポイントです。ただし、「焼き立てはいちばんのご馳走」ということは厳守でお願いします。

◎材料（1枚分）

〈生地〉（大餅の生地 a と同じ）

薄力粉	100g
ぬるま湯	60ml

〈餡〉

豚薄切り肉	200g
A 黒胡椒	少々
酒	大さじ1
醬油	大さじ1
オイスターソース	小さじ1
生姜（みじん切り）	大さじ1
長葱（みじん切り）	20cm
太香胡麻油	大さじ1/2

◎作り方

1 p10〜11、p14〜15を参照して生地を作る。

2 餡を作る。豚薄切り肉を粗みじん切りにし、ボウルに入れる。A を上から順に加え、その都度菜箸で混ぜる。

3 p66〜67を参照して成形し、焼く。

広大な国土を持つ中国。人口が多いだけでなく、50以上の多民族国家でもあり、それぞれの宗教や地域の風俗によって食習慣もさまざまです。そのため、豚肉餡だけでなく、牛肉や羊肉、鶏肉など、肉の種類を替えて楽しみます。中国の家庭料理の定番であり、主食と主菜が一体になったボリューム満点の1品。野菜の和えものやスープがあれば、栄養バランスもばっちりの完璧な献立になりますよ。

◎肉餅の成形

◎ぬるま湯で生地を作る
▶ 基本その1（p10〜11）

◎柔らかめの生地の
こね方
▶ 基本その3（p14〜15）

◎寝かせる
▶ 10分

1 打ち粉を振った麺台の上に生地を取り
出し、直径18cmにのばす。右上1/4
のスペースを残して全体に餡をのせ、
菜箸で広げる。

2 端のぎりぎりまで餡を広げ、餡の一方
の端の生地に包丁で切り込みを入れる。

6 同様にもう一度折り返し、麺台に打ち
粉を振って生地を裏に返し、縁を指先
でつまむように閉じる。

7 手でやさしく丸く整える。

8 麺棒で直径20cmにのばす。周囲に麺
棒を当てて、形を整える。

3 生地を持ち上げて90度に折り、餡の
　上にかぶせる。

4 縁を指先でつまむように閉じる。

5 さらに90度に折り、餡の上にかぶせ、
　縁を指先でつまむように閉じる。

9 フライパンに入れて強火にかけ（肉から油が出るので、油はひかなくてOK）、10秒た
　ったら裏に返し（ここでは油で生地をコーティングするのが目的）、蓋をして中火にす
　る。そのまま2分ほど蒸し焼きにし、蓋を開けて素早く裏に返し、また蓋をして
　2分ほど蒸し焼きにする。この作業を4回繰り返し、合計8分ほど焼く。

10 火を止めて、蓋をしたまま2分ほど
　　おく。4等分に切る。

肉餅 餡 の バリエーション

蓋をなるべく開けないことで、生地の内側の蒸気が熱せられ、しっとりと焼き上がります。

基本の豚肉餡（p65）　牛肉餡（p69）

鶏肉餡（p69）

肉餅の餡は水餃子や鍋貼、包子などに応用しても OK（量は変わります）。

鶏肉餡の肉餅

◎材料（1枚分）

〈生地〉（大餅の生地 b と同じ）

〈餡〉

鶏もも肉·····················200g

A 黒胡椒·····················少々
酒·····················大さじ1
粗塩·····················小さじ1/2
太香胡麻油·····················大さじ1/2
パセリ（みじん切り）···大さじ3

◎作り方

1 p10 〜 11、p14 〜 15 を参照して生地を作る。

2 餡を作る。鶏もも肉を粗みじん切りにし、ボウルに入れる。Aを上から順に加え、その都度菜箸で混ぜる。

3 p66 〜 67 を参照して成形し、焼く。

牛肉餡の肉餅

◎材料（1枚分）

〈生地〉（大餅の生地 c と同じ）

〈餡〉

牛薄切り肉·····················200g

A 黒胡椒·····················少々
酒·····················大さじ1
醤油·····················大さじ1/2
オイスターソース·····大さじ1/2
太香胡麻油·····················大さじ1/2
生姜（みじん切り）···大さじ2
長葱（みじん切り）·········10cm

◎作り方

1 p57 を参照して生地を作る。

2 餡を作る。牛薄切り肉を粗みじん切りにし、ボウルに入れる。Aを上から順に加え、その都度菜箸で混ぜる。

3 p66 〜 67 を参照して成形し、焼く。

レタスと干し海老のスープ

◎材料（2〜3人分）

レタス	1/2個
水	600ml
桜海老	2g
粗塩	小さじ1/2
太香胡麻油	大さじ1/2
黒胡椒	少々

◎作り方

1 レタスはくし形に4等分にする。
2 鍋に水と桜海老を入れて火にかけ、煮立ったら蓋をして弱火で5分間煮る。
3 レタスを加えて強火にし、煮立ったら粗塩、太香胡麻油、黒胡椒で調味する。

野菜のおかずを
たっぷり添えて

ブロッコリーの和えもの

◎材料（2～3人分）

ブロッコリー……………………1/2個

A 豆板醤……………………小さじ1
　 はちみつ…………………小さじ1
　 黒胡椒………………………少々
　 太香胡麻油………………大さじ1/2

◎作り方

1 ブロッコリーはひと口大に切って固めに茹でる。水にさらして
　 から、水気をしっかりときる。

2 Aをボウルに入れて混ぜ、1を加えて和える。

餡餅 *xian bing*　　　　　　　　シャービン

餡餅（シャービン）は日本のおやきのような見た目、味わいは日本の焼き餃子に近いかもしれません。肉餅を小ぶりにしたような料理ですが、麺棒も包丁も打ち粉も使わず、ボウルの中だけで成形できるのが何よりの魅力。水分量の多い柔らかな生地で、たっぷりの餡を包むことで皮を薄くのばし、密閉した袋の中で熱を保って肉餡をジューシーに蒸すのです。100gで6個できますが、4個でも8個でもお好みで。あとは和えものなりスープなり、野菜のおかずを添えてくださいね。

◎材料（6個分）

〈生地〉

薄力粉・強力粉 ……………… 各50g

ぬるま湯 …………………… 80ml

〈餡〉

豚薄切り肉 ………………… 200g

A｜黒胡椒 …………………… 少々

　｜酒 ……………………… 大さじ1

　｜醤油 …………………… 大さじ1

　｜粗塩 …………………… 小さじ1/3

　｜太香胡麻油 …………… 大さじ1/2

　｜にら（5mm長さに切る）… 80g（1束）

◎作り方

1 p10〜11、p14〜15を参照して生地を作る。

2 餡を作る。豚薄切り肉を粗みじん切りにし、ボウルに入れる。Aを上から順に加え、その都度菜箸で混ぜる。

3 p74〜75を参照して成形し、焼く。

打ち粉ではなく、油を利用して作るので、成形したものをフライパンに並べて蓋をしておけば、1時間ほどはおいておいても大丈夫。自分が食べる分はすぐに焼いて、後から家族が帰宅したら、その分だけまた焼けばいいというのも便利なのです。焼き立てがいちばんおいしいので、焼くのは食べる直前に。中国では一般的な家庭料理でもありますが、道具が少なく焼き立てがおいしいので、屋台でも大人気の料理です。

◎餡餅の成形

◎ぬるま湯で生地を作る
▶ 基本その1（p10〜11）

◎柔らかめの生地の
こね方
▶ 基本その3（p14〜15）

◎寝かせる
▶ 10分

1 小さな器に太白胡麻油を大さじ2ほど（分量外）入れておき、両手に多めにつける。

2 その手で生地をやさしく持ち上げ、手で握るようにして棒状にのばす。

生地を下からのばし、餡にかぶせるようにして包む。

6 密閉状態になるよう合わせ目を指先できっちり閉じる。

3 生地を6等分にちぎる。油が打ち粉の役割をするので、足りなくなったらたっぷりつけること。

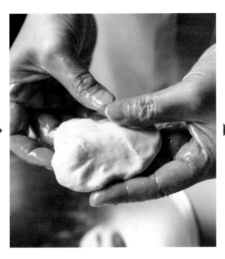

4 1つの生地を指先で8cmほどの円形にのばし、手にのせる。

5 菜箸で餡をたっぷりのせて表面を平らにならす。親指で餡を押さえながら、

7 閉じ目を下にしてフライパンにのせ、上から手で押さえて厚さ1cmにする。残りも同様に包み、フライパンにのせる。

8 フライパンを1分ほど強火にかけて閉じ目の面を固める。裏に返してフライパンに蓋をし、中火で3分ほど蒸し焼きにする。蓋を取って裏に返し、再び蓋をして3分ほど蒸し焼きにする。焼き色が薄い場合は、強火でさっと焼く。フライ返しの先にも油を塗っておくと、生地がくっつかず、作業しやすい。

熱湯で作る生地

小麦粉に熱湯を加えるとグルテンの粘りが抑えられます。生地が変形しにくくなるので、
春餅や焼麦、鍋貼といった料理の薄くのばす生地に適しているのです。

春餅（チュンビン）

焼麦（シューマイ）

鍋貼（ゴーティエ）

春餅 *chun bing*

チュンビン

春餅（チュンビン）は、今は1年中、食べられている人気メニューではありますが、もともとは立春を祝って食べる行事食。春の始まりの日に健康を祈って、野菜の芽であるもやしをはじめとした初物の野菜を、小麦粉を薄く焼いた皮で包んでいただくのです。ちなみに北京ダックでもおなじみの皮を荷叶餅（ホーイエビン）といい、これに春野菜を包んだものを春盤（チュンパン）と呼びます。皮は、油の性質を利用して、生地を重ねて焼いてから剝がすという技法で作るのが科学的で面白いところです。

◎材料（8枚分）
強力粉・薄力粉 ………………………… 各50g
熱湯 …………………………………… 80ml
太白胡麻油 ……………………………… 大さじ2

◎作り方
1 p12〜13、p14〜15を参照して生地を作る。
2 p84〜85を参照しておかずを用意する。
3 p80〜83を参照して成形し、焼く。

皮の中央におかずをのせ、その横に甜麺醬を縦に塗り、
皮の下を折ってから左右を折りたたむ。

立春は、半月毎の季節の変化を示す二十四節気の第一節。二十四節気とは、太陽が移動する天球上の道＝黄道を24等分したものです。夏至と冬至の「二至」で2等分し、さらに春分と秋分の「二分」で4等分。それぞれの中間に立春、立夏、立秋、立冬の「四立」という各季節の始まりである節目の日があるのです。立春には陽気が上昇し、自然界からプラスのエネルギーをいただけるので、健康を祈って春餅を食べるのは、春節に水餃子を食べるのと同じくらい大切な習慣です。

◎春餅の成形

◎熱湯で生地を作る
▶ 基本その2（p12〜13）

◎固めの生地のこね方
▶ 基本その3（p14〜15）

◎寝かせる
▶ 15分

◎切り分け方
▶ 基本その4（p16〜17）

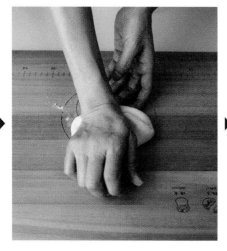

1 生地を打ち粉を振った麺台の上に取り出し、表面が滑らかになるまでこねる。

2 長さ25cmほどの棒状にする。

6 あまり押しつぶしすぎないように。

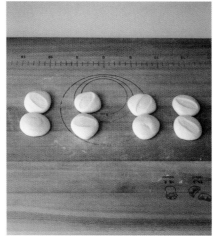

7 なるべく同じサイズの2つを組み合わせる。

8 1つを指先でつまみ、小皿に入れた太白胡麻油に浸し、

3 p16〜17の切り方を参照しながら8
等分する。打ち粉を振る。

4 手で転がしながら、打ち粉を全体にま
ぶす。

5 切り口を上にし、1つずつ手のひらで
垂直に押しつぶす。

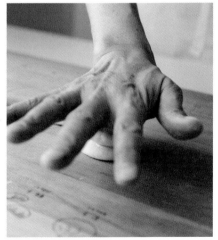

9 ペアの生地の上に重ねる。あとの3組
も同様に重ねる。

10 さらに手のひらで垂直に押しつぶす。

11 しっかりと押しつぶして平らにする。

12 麺棒で直径15cmにのばす。麺棒は生地の中央から四方へ向けて転がし、生地の縁で止めて外まで転がさないこと。

13 油のおかげで生地同士はくっつかないので、全部のばしておく。

14 フライパンは水を1滴入れるとすぐに蒸発するくらい、しっかり熱してから中火にする。生地をのせ、全体の色が白く変わるまで20秒ほどおいてから裏に返す。

15 15秒ほど待ち、ところどころにプツプツと気泡ができたら、裏に返す。さらに10秒ほど焼き、全体が膨らんだら焼き上がり。

16 端から剝がして2枚にする。内側は蒸されてしっとりと柔らかなまま。焼き目がついた面を外側にして半分に折り、器に盛る（必ず15cmにのばすことで、短時間に柔らかく焼き上がる）。

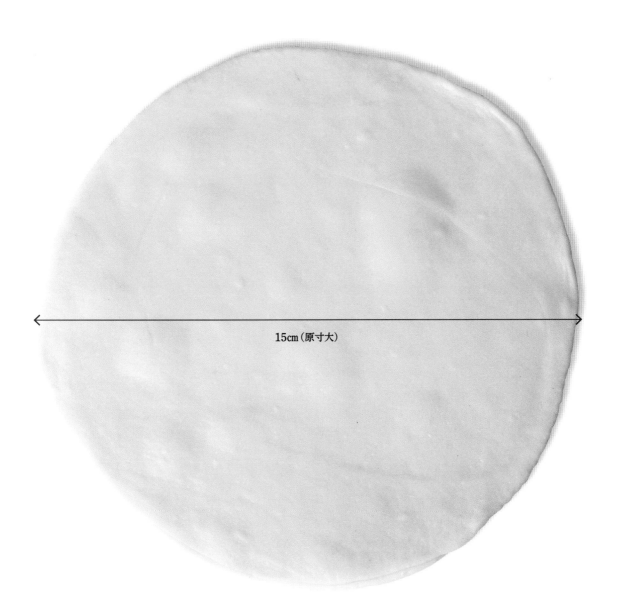

15cm（原寸大）

◎ 炒めもやし

冬が長く厳しい北京では、もやしを春
いちばんに採れる野菜として春餅で巻
いて春を祝います。鶏肉と一緒ではな
く単品で巻きます。

◎ 茹で牛肉と玉葱スライス

◎ 湯通し人参

千切りにした人参にさっと熱湯をかけて
水気をきっただけのもの。甜麺醤と一緒
に巻くと驚きのおいしさです。

84

◎ 香味野菜

バジルやパクチー、青じそ、みょうが
など好みの香味野菜を添えて。そのま
ま食べても巻いても OK。

◎ 甜麺醤

春餅に必須の調味料。北京ダックにも
欠かせません。

◎ 塩焼き鶏と白髪葱

塩焼き鶏は、酒大さじ1、塩小さじ1/2を
揉み込み、30分おいた鶏もも肉250gを、
太白胡麻油大さじ1/2を熱したフライパン
に皮面を下にして入れ、蓋をして弱火で8
分焼いてから裏に返して4分焼く。白髪葱
やパセリなどを添えて。

◎ カリカリ油揚げ

細切りにして、焦がさないようフライ
パンで炒めるだけ。甜麺醤と一緒に巻
くと、肉なしでも十分満足できます。

◎ きゅうり

細く切るだけの生野菜もぜひ。

焼麦 *shao mai* シューマイ

日本では別の当て字を使うようですが、もとは小麦粉で作った薄い皮で餡を包んだ形が麦の穂に似ていることから焼麦（シューマイ）という料理名。その名の通り皮の存在を表現しています。つるっともっちりの食感は手作りの皮ならでは。肉餡はできれば自宅で叩いて作るのがおすすめ。肉のおいしさは格別、黒酢と辣油を添えていただきます。鶏もも肉で餡を作るなら、醤油と塩でシンプルに調味するとおいしい。

◎材料（20個分）

〈生地〉

薄力粉	100g
熱湯	70ml

〈餡〉

豚薄切り肉	300g

A
黒胡椒	少々
酒	大さじ1
醤油	大さじ1
オイスターソース	大さじ1/2
玉葱（みじん切り）	1/4個
パン粉	10g
太香胡麻油	大さじ1

◎作り方

1 p12〜13、p14〜15を参照して生地を作る。

2 餡を作る。豚薄切り肉を粗みじん切りにし、ボウルに入れる。Aを上から順に加え、その都度菜箸で混ぜる。

3 p88〜89を参照して成形し、餡を包み、蒸す。

◎焼麦の成形

◎熱湯で生地を作る
　▶基本その 2（p12〜13）

◎固めの生地のこね方
　▶基本その 3（p14〜15）

◎寝かせる
　▶15 分

◎切り分け方
　▶基本その 4（p16〜17）

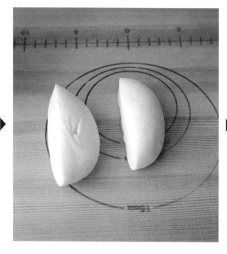

1 生地を打ち粉を振った麺台の上に取り
出し、表面が滑らかになるまでこね、
2 等分する。

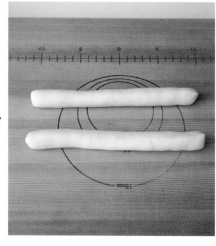

2 それぞれを長さ 20cmほどの棒状にし、

6 親指と人さし指で輪を作るようにして
生地をすぼめ、空気を抜きながら包む。

7 片方の手で底を支え、もう片方の手で
回しながら形を整える。

8 クッキングシートを敷いた蒸籠に並べ
る。強火で 12 分間蒸す。

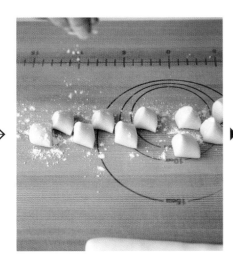

3 p16 〜 17 の切り方を参照しながらそれぞれを 10 等分にし、1 つずつを手のひらで垂直に押しつぶす。半量に、固く絞った濡れ布巾をかけておく。

4 p22 〜 23 を参照して直径 10cmにのばす。美しいひだを作るために、薄く大きくのばし、2 〜 3 枚ずつ餡を包んでいく。

5 手に生地をのせ、中央に餡をのせ、

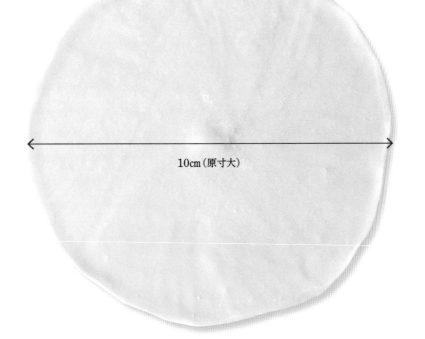

10cm（原寸大）

鍋貢 *guo tie*　　　　ゴーティエ

鍋貼（ゴーティエ）は、水餃子のように風味を閉じ込めるのではなく、香りを外に広げることでお客さんを呼び込む北京の屋台料理。鍋にべったり貼り付けることで、加熱面積を最大限にし、早く焼けるのが特徴です。包んだらすぐに焼くのがおいしいので、包んだものを鍋に並べておき、食べたいときに焼いてください。皮に風味を染み込ませるように焼くので餡の味付けは濃いめです。水溶き薄力粉で作るパリッとした羽根は、餡から流れ出た肉汁を逃さないようにするためのもの。その食感もおいしさを倍増してくれます。

◎材料（20個分）

〈生地〉

薄力粉	100g
熱湯	70ml
太白胡麻油（焼く際）	大さじ1
水（焼く際）	200ml

〈餡〉

豚薄切り肉	300g
A　黒胡椒	少々
醤油	大さじ1
甜麺醤	大さじ1
生姜（みじん切り）	大さじ1
長葱（みじん切り）	10cm
太香胡麻油	小さじ1

〈羽根〉

薄力粉	大さじ1/2
水	大さじ4

◎作り方

1　p12〜13、p14〜15を参照して生地を作る。

2　餡を作る。豚薄切り肉を粗みじん切りにし、ボウルに入れる。Aを上から順に加え、その都度菜箸で混ぜる。

3　p92〜93を参照して成形し、餡を包み、10個ずつ焼く。

中国では屋台の代表選手！　大きな鉄鍋にぎっしり並べて焼くので、蓋を開けた瞬間、その迫力と香りの虜になってしまうのです。誰もが素通りできなくなる、屋台でしか表現できないおいしさです。家庭で屋台気分を味わうなら、みんなで焼きながら食べるのが楽しい！　もちろんビールとは相性抜群ですが、餡によっては日本酒や焼酎、ワインにも合うので、ぜひお試しを。

◎鍋貼の成形

1 打ち粉を振った麺台の上に生地を取り出し、表面が滑らかになるまでこねる。生地を2等分にし、

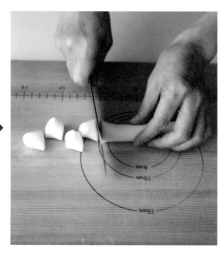

2 それぞれを長さ20cmほどの棒状にし、p16〜17の切り方を参照しながら10等分し、1つずつを手のひらで垂直に押しつぶす。

6 平らにすることで、無駄なく加熱できる。

7 10個ずつ焼く。太白胡麻油を入れたフライパンに隙間なく並べ、2列の間は隙間を開けておく。強火にかけ、皮の底部分がうっすらと色づいたら、

8 蓋で油ハネをカバーしながら、水100mlを鍋肌から注ぎ入れ、蓋をする。強火のまま5分ほど蒸し焼きにする。

3 p22〜23を参照し麺棒で直径10㎝（p89参照）にのばす。4〜5枚ずつ餡を包んでいく。

4 手に皮をのせ、横長に餡をのせる。皮の上下の中心を合わせて指でつまみ、しっかり留める。

5 麺台の上にトントンとかるく打ち付けて底を平らに整える。

9 水分がほとんどなくなり、肉汁が皮に染み込んで色づいたら蓋を取り、水溶き薄力粉の半量を周囲から注ぎ入れる。

10 中火にしてさらに2〜3分焼く。

11 水溶き薄力粉が薄くパリパリに固まってきたら強火にし、焼き色をつける。1列ずつ取り出して器に盛る。

鍋貼 餡のバリエーション

皮を閉じないので、餡にはハーブやスパイスを使ったり、香りの強い素材を使うのがおすすめです。右上から時計回りに、牛肉とディル、豚肉と長葱、羊肉、鶏肉とバジル。

羊肉の鍋貼

◎材料（20個分）

羊薄切り肉‥‥‥‥‥‥‥‥‥‥300g

A｜クミンパウダー‥‥‥‥小さじ 1/4

　｜醬油‥‥‥‥‥‥大さじ 1 と 1/2

　｜長葱（みじん切り）‥‥‥‥10cm

　｜太香胡麻油‥‥‥‥‥‥小さじ 1

◎作り方

1 羊薄切り肉を粗みじん切りにし、ボウルに入れる。Aを上から順に加え、その都度、菜箸で混ぜる。

鶏肉とバジルの鍋貼

◎材料（20個分）

鶏挽肉⋯⋯⋯⋯⋯⋯⋯⋯⋯⋯⋯ 300g
A｜酒⋯⋯⋯⋯⋯⋯⋯⋯⋯⋯ 大さじ1
　｜粗塩⋯⋯⋯⋯⋯⋯⋯⋯ 小さじ1/2
　｜太香胡麻油⋯⋯⋯⋯ 小さじ1
　｜バジル（ざく切り）⋯⋯⋯⋯ 30g

◎作り方

1 鶏挽肉にAを上から順に加え、その都度、菜箸で混ぜる。

牛肉とディルの鍋貼

◎材料（20個分）

牛薄切り肉⋯⋯⋯⋯⋯⋯⋯⋯⋯ 300g
A｜酒⋯⋯⋯⋯⋯⋯⋯⋯⋯⋯ 大さじ1
　｜粗塩⋯⋯⋯⋯⋯⋯⋯⋯ 小さじ1/2
　｜太香胡麻油⋯⋯⋯⋯ 小さじ1
　｜ディル（1cm長さに切る）⋯⋯ 30g

◎作り方

1 牛薄切り肉を細かく刻み、Aを上から順に加え、その都度、菜箸で混ぜる。

発酵させる生地

発酵に必要なのは、小麦粉とドライイースト、水分、時間。
蒸す場合はグルテンの少ない薄力粉が向いていますが、
焼く場合は水分を多く吸収する強力粉を使います。

花卷（ホワジュアン）

包子（肉まん）

酒糟饅头（酒粕まんじゅう）

空心饼（コンシンビン）

油条（ヨーティアオ）

花巻 *hua juan*　　　　　　　　　ホワジュアン

名前のとおり、花のように美しい料理です。発酵生地で作る料理には饅頭（マントウ）もありますが、それは白米のようにどんなおかずにも合うシンプルな蒸しパンです。対して花巻（ホワジュアン）は主張があり、食べる人もちょっと背伸びをしていただくもの。まずよく見てから食べるのは、よく見られる光景です。「層が多いね」「塩加減もいいですね」というのが中国での褒め言葉。成形して発酵させても層を保っているのは、油のおかげです。具材を巻き込んだり、油を替えたりするときは、巻き方も少し変わります。スープやおかずに添えるほか、中に食材を練り込めば単品でおやつにもなりますよ。なんといっても、蒸し立てのおいしさは格別！

◎材料（4個分）

薄力粉	100g
ドライイースト	小さじ1
グラニュー糖	小さじ1
粗塩	ひとつまみ
太白胡麻油（生地用）	大さじ1/2
ぬるま湯	55ml
粗塩（成形用）	小さじ1/3
太白胡麻油（成形用）	小さじ1

◎作り方

1　p100〜101を参照して、生地を作り、1次発酵させる。

2　生地が約2倍に膨らんだら、p100〜103を参照して成形し、蒸籠に並べて蓋をし、2次発酵させる。

3　鍋にたっぷりの湯を沸かし、蒸籠をのせて12分間蒸す。

蒸し豚と香菜などの香味野菜を挟んで軽食に。蒸し豚は、豚肩ロースの塊肉（600g）を3等分に切り分け、塩大さじ1をまぶしてひと晩おいてから、蒸気の上がった蒸籠に入れ、強火で5分、弱火で40分間蒸し、火を止めてそのまま30分蒸らすだけで作れます。冷めてもしっとり柔らか。

◎花巻の作り方

1 ボウルに薄力粉、ドライイースト、グラニュー糖、粗塩を入れ、菜箸で混ぜ合わせて表面をならす。

2 ぬるま湯を2、3回に分けて回し入れる。その都度、菜箸でよく混ぜる。

3 ボウルについた粉もこそげ落としながら混ぜる。菜箸についた生地をしごき取り、

7 生地をボウルに入れ、ボウルに固く絞った濡れ布巾をかける。夏なら30分、冬なら1時間ほど室温で寝かせ、1次発酵させる。

8 生地が約2倍に膨らんだら、成形する。

9 打ち粉を振った麺台の上に、ボウルにくっついていた面を上にし取り出す。生地をこねず麺棒で20×15cmにのばし、端に麺棒を当てまっすぐに整える。

4 太白胡麻油を加え、手でひとつにまとまるようにこねる。

5 こねながら、生地でボウルをきれいにする。

6 打ち粉を振った麺台の上に取り出し、p14〜15の固めの生地のこね方で表面が滑らかになるまでこねる。

10 生地の表面に粗塩を振って上から手でかるく押さえ、

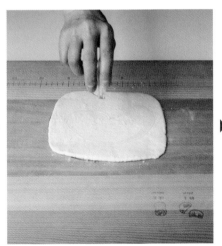

11 太白胡麻油を表面にのせ、

12 生地の端を左右前後に折り返しながら油を全面にのばす。

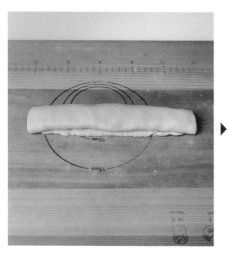

13 手前から少しずつ生地を巻いていき、巻き終わりを下にしておく。長さが20cmになるように整える。

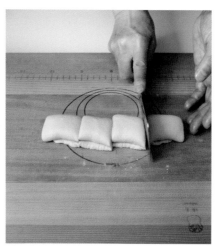

14 包丁で4等分に切る。

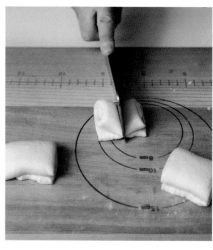

15 それぞれをさらに2等分し

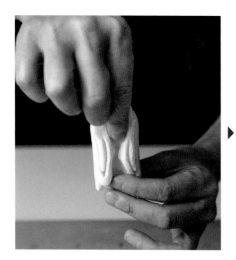

19 両手の親指と人さし指を両端にスライドさせ、そのまま右手を上にして生地を縦にし、

20 右手を手前に回転させて生地をねじり、

21 端と端を重ねてしっかりと押さえ、重ね目を閉じる。

102

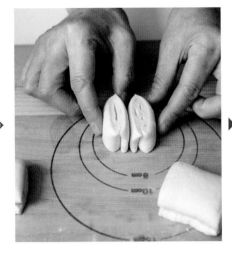

16 切った面が上になるように外側に90
度回転させて揃え、

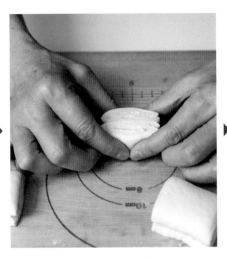

17 中央をしっかりと指で押さえ、つぶ
すようにくっつける。

18 15の両端の2つはさらに2等分し
た後、内側同士を組み合わせると断
面がきれいなものが4組みできる。

22 裏側はしっかりと閉じる。

23 閉じ目を下にしてクッキングシート
を敷いた蒸籠に並べる。

24 残りの生地も同様に成形し、蓋をし
て室温に30分ほどおいて2次発酵
させる。たっぷりの湯を沸かした鍋
にのせ、12分間蒸す。

花椒の花巻

◎材料（4個分）

生地は p99 と同じ

花椒粉	小さじ 1/2
粗塩	小さじ 1/3
太白胡麻油	小さじ 1

作り方は p106 を参照。

陳皮の花巻

◎材料（4個分）

生地は p99 と同じ

陳皮粉	大さじ 1
粗塩	小さじ 1/3
太白胡麻油	小さじ 1

作り方は p106 を参照。

ピーナッツバターの花巻

◎材料（4個分）
生地は p99 と同じ
ピーナッツバター（加糖）
　　　　　　　　　大さじ2

作り方は p106 を参照。

練り胡麻の花巻

◎材料（4個分）
生地は p99 と同じ
練り胡麻・・・・・・・・・・・・・・・大さじ1
粗塩・・・・・・・・・・・・・・・・・・小さじ1/3

作り方は p106 を参照。

p100〜103を参照して生地を作り、1次発酵させる。麺棒で長方形にのばした9の後、粗塩と花椒粉や陳皮粉をまんべんなくまぶし、太白胡麻油をのせ、生地を使って全体にのばし、成形する。2次発酵させてから12分間蒸す。

油を替える

簡易成形その1

p100〜103を参照して生地を作り、1次発酵させる。麺棒で長方形にのばした9の後、ピーナッツバターや練り胡麻をのせ、スプーンで全体にのばす。同様に生地を巻き、4等分したものをそれぞれさらに2等分する。切り口を揃えて2つずつ重ね、菜箸で切り口と並行に中央を上から下まで押す。2次発酵させてから12分間蒸す。

季節の味を巻き込む

簡易成形その2

p100〜103を参照して生地を作り、1次発酵させる。麺棒で長方形にのばした9の後、枝豆や甘栗（粗くつぶす）を全体に散らす（特に左右の端にまんべんなくのせること）。同様に生地を巻き、4等分する。菜箸で切り口と並行に中央を上から下まで押す。2次発酵させてから12分間蒸す。

枝豆の花巻

◎材料（4個分）

生地は p99 と同じ

枝豆····················50g（正味）

粗塩·······················小さじ 1/3

太白胡麻油··············小さじ 1

作り方は p106 を参照。

甘栗の花巻

◎材料（4個分）

生地は p99 と同じ

甘栗·······················60g

太白胡麻油··············小さじ 1

作り方は p106 を参照。

包子 *bao zi*　　　　　　　　　　　　肉まん

包子（パオズ）はいわゆる肉まんですが、中国では豚肉餡だけでなく、野菜や鶏肉を使った餡のものもよく食べます。これにスープがあれば、立派な献立に。おやつには、黒砂糖に薄力粉を加えたものを包む糖三角もぜひ。やめられない止まらないおいしさです。花巻きと同じ生地で、発酵生地のバリエーションといえます。

◎材料（4個分）

〈生地〉（花巻と同じ）

薄力粉	100g
ドライイースト	小さじ1
グラニュー糖	小さじ1
粗塩	ひとつまみ
太白胡麻油	大さじ1/2
ぬるま湯	55ml

〈餡〉

	豚薄切り肉	150g
A	黒胡椒	少々
	酒	小さじ1
	生姜（みじん切り）	1片
	醤油	大さじ1/2
	オイスターソース	大さじ1/2
	太香胡麻油	小さじ1
	長葱（1cm幅に切る）	8cm

◎作り方

1　p100〜101を参照して生地を作り、1次発酵させる。

2　餡を作る。豚薄切り肉を粗みじん切りにし、Aを上から順に加え、その都度菜箸で混ぜる。

3　生地が約2倍に膨らんだら、p110〜111を参照して成形し、餡と長葱2切れを包み、蒸籠に並べて蓋をし、2次発酵させる。

4　鍋にたっぷりの湯を沸かし、蒸籠をのせて15分間蒸す。

◎包子の成形

◎ぬるま湯で生地を作る
▶基本その1（p10〜11）

◎固めの生地のこね方
▶基本その3（p14〜15）

◎1次発酵させる
▶30分（夏）〜1時間（冬）

◎切り分け方
▶基本その4（p16〜17）

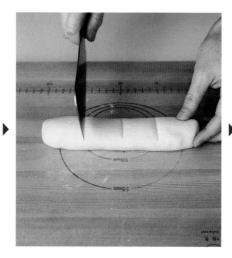

1 打ち粉を振った麺台の上に取り出し、p16〜17の切り方を参照して、長さ20cmの棒状にしてから4等分にし、1ずつを手のひらで垂直に押しつぶす。

2 p22〜23を参照して麺棒で直径10cmにのばす。生地は中心がやや厚く、周りが薄くなるように。

6 皮をのせた手の親指で餡を押さえ、時計方向に回しながら人さし指でひだを作っていく。ひだは細かいほどいい。

7 最後はゆるまないようしっかりと閉じる。

8 クッキングシートをのせた蒸籠に並べ、蓋をして、2次発酵させる（夏は10分、冬は30分ほど）。ひだが少し埋まるくらい全体が膨らんだら、

3 皮の中央に餡をのせ、さらに長葱を2
切れのせる。

4 親指と人さし指で生地の縁の1点をつ
まみ、

5 人さし指で下のほうから生地を寄せて
ひだを作る。

9 たっぷりの湯を沸かした鍋の上にのせ、
強火で15分間蒸す。

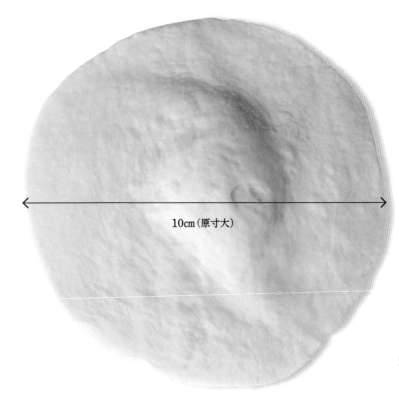

10cm（原寸大）

包子 餡 の バリエーション

小松菜と桜海老

◎**材料**（4個分）

生地は p109 と同じ

小松菜	1束（200g）
桜海老	5g
生姜（みじん切り）	1片
粗塩	小さじ 1/4
太香胡麻油	大さじ 1

◎**作り方**

1 小松菜はさっと茹でて水気を絞り、細かく刻む。桜海老は粗く刻む。

2 ボウルに1と生姜、粗塩、太香胡麻油を入れて混ぜる。4等分して生地で包む。

鶏肉と空豆

◎**材料**（4個分）

生地は p109 と同じ

鶏挽肉		150g
空豆		8個
A	黒胡椒	少々
	酒	大さじ 1/2
	オイスターソース	小さじ 1
	粗塩	小さじ 1/3

◎**作り方**

1 鶏挽肉にAを上から順に加え、その都度菜箸で混ぜる。

2 4等分した餡と空豆2個を包む。

糖三角

黒砂糖に小麦粉を加えてとろみをつけているので、冷めても固くなりません。ココナッツファインを加えると、香りが豊かに。黒糖は中国で出産祝いに贈るほど、女性に良いものとされています。

◎材料（8個分）
生地は p109 と同じ
黒砂糖‥‥‥‥‥‥‥‥‥‥ 大さじ4
薄力粉‥‥‥‥‥‥‥‥‥‥ 大さじ1
ココナッツファイン‥‥‥ 大さじ1

◎作り方
1 黒砂糖、薄力粉、ココナッツファインを混ぜる。
2 生地が約2倍に膨らんだら、30cmの棒状にし、p16〜17を参照して8等分に切り分ける。1つずつを手のひらで垂直に押しつぶし、1つを手に取り、p22〜23を参照して短い麺棒で直径8cmにのばす。
3 片方の手に皮をのせ、中央に小さじ山盛り1杯の餡をのせ、もう片方の手の親指と人さし指で縁をつまみ、中心まで閉じる。
4 開いている部分の縁の中心を中央に寄せてつまみ、2辺をつまんで閉じる。蒸籠に並べ、2次発酵させる。
5 鍋にたっぷりの湯を沸かし、蒸籠をのせて12分間蒸す。

酒糟馒头 *jǒu zao man tou*　　　　　　酒粕まんじゅう

酒粕の力でふんわりしっとりと、香り高く仕上がる酒糟饅頭（マントゥ）は、そのまま練乳を添えれば最高のおやつに。余ったら卵でとじて焼けば蛋煎酒粕饅頭に、素揚げして黒蜜を添えればおいしいティータイム、といろいろな味が楽しめます。シンプルに切っただけのものと、少しこねて丸めたものと、成形の違いで味が微妙に異なるのも面白いところ。

◎材料（4個分）
薄力粉 ……………………………100g
ドライイースト ……………… 小さじ1
グラニュー糖 ………………… 小さじ1
粗塩 …………………………… ひとつまみ
酒粕 …………………………………20g
ぬるま湯 ………………………… 60ml
太白胡麻油 ………………… 大さじ1/2

◎作り方
1 薄力粉、ドライイースト、グラニュー糖、粗塩を菜箸で混ぜてならす。酒粕をぬるま湯と混ぜて大まかに溶かす。
2 p116 〜 117 を参照して、生地を作り、1次発酵させる。
3 生地が約2倍に膨らんだら、p116 〜 117 を参照して成形し、蒸籠に並べて蓋をし、2次発酵させる。
4 鍋にたっぷりの湯を沸かし、蒸籠をのせて12分間蒸す。

蛋煎酒粕饅頭

◎作り方
1 酒粕饅頭2個を2等分にスライスする。
2 卵1個と粗塩2つまみ、黒胡椒少々を混ぜ合わせ、1に絡める。
3 フライパンに太白胡麻油大さじ1を熱し、2を並べ、両面をこんがりと焼く。

炸酒粕饅頭

◎作り方
酒粕饅頭を厚めにスライスし、180度の油でこんがりと揚げる。黒蜜を添えていただく。

◎酒糟饅頭の作り方

1 ボウルに薄力粉、ドライイースト、グ
　ラニュー糖、粗塩を入れ、菜箸で混ぜ
　合わせて表面をならす。

2 酒粕を溶かしたぬるま湯を1度に回し
　入れ、菜箸でよく混ぜる。ボウルにつ
　いた粉もこそげ落としながら、しばら
　く混ぜて粉に水分を吸収させる。

3 菜箸についた生地をしごき取り、太白
　胡麻油を加える。

7 生地が約2倍に膨らんだら、打ち粉を
　振った麺台の上に、ボウルにくっつい
　ていた面を上にして取り出す。

8 こねずに長さ15cmの棒状にし、端ま
　で均等な太さになるよう整える。

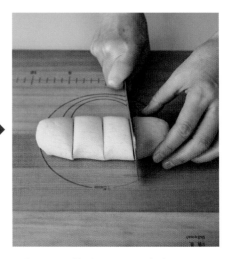

9 包丁で4等分にする。中央の2つは
　そのまま、クッキングシートを敷いた
　蒸籠に並べる。

4 手でひとつにまとめる。

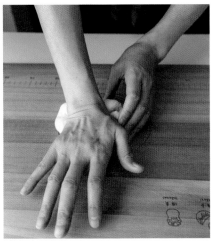

5 麺台の上に取り出し、手でp14～15 の固めの生地のこね方で表面が滑らかになるまでこねる。

6 ボウルの中に入れ、ボウルに固く絞った濡れ布巾をかける。夏なら30分、冬なら1時間ほど室温で寝かせ、1次発酵させる。

10 両端の2つはそれぞれを親指で少しこね、

11 丸めて底をすぼめ、

12 麺台の上にのせて両手で回し、底を整える。クッキングシートを敷いた蒸籠に並べ、蓋をして2次発酵させた後、12分間蒸す。

空心餅 *kong xin bing*

コンシンビン

空芯餅（コンシンビン）は西太后の大好物と伝えられている宮廷料理。生地の一部に油をつけて餡にし、焼いた後にそれを引き抜いてできた空洞に肉そぼろを詰めていただきます。冷めてもおいしいし、餡の生地はしっとりむっちりと柔らか。外側の香ばしい生地と甘辛い挽肉そぼろの相性も抜群です。

◎材料（4個分）

〈生地〉

強力粉	100g
ドライイースト	小さじ1
グラニュー糖	小さじ1
粗塩	ひとつまみ
太白胡麻油	小さじ1
ぬるま湯	70ml

〈肉そぼろ〉

赤身牛挽肉	200g
生姜（みじん切り）	大さじ2
太香胡麻油	大さじ1/2
A 酒	大さじ1
醤油	大さじ1
はちみつ	小さじ1
炒り胡麻	適量

◎作り方

1 p100〜101を参照して生地を作り、1次発酵させる。

2 p120〜122を参照して成形し、フライパンに並べて蓋をし、2次発酵させる。

3 肉そぼろを作る。フライパンに太香胡麻油を熱して牛挽肉を加え、中火で水分が完全に飛ぶまで炒める。生姜、Aを上から順に加え、その都度炒めて水分を飛ばす。

4 3をp122を参照して焼く。

食べるときに盛り上がるメニューで手土産にもってこい。肉そぼろは瓶などに入れて別添えにして。

119

◎空芯餅の成形

◎ぬるま湯で生地を作る
　▶基本その1（p10〜11）

◎固めの生地のこね方
　▶基本その3（p14〜15）

◎1次発酵させる
　▶30分（夏）〜1時間（冬）

◎切り分け方
　▶基本その4（p16〜17）

1 生地が約2倍に膨らんだら、打ち粉を振った麺台の上に取り出し、こねずに長さ15cmの棒状にし、4等分する。

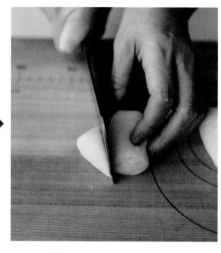

2 それぞれの生地の1/6を切り分けておく。

6 4の上に5をのせ上下を返してまんべんなく油をまぶす。指先についた油は拭き取る。

7 p110〜111の包子の要領で生地の縁の1点をつまみ、人さし指で生地を寄せてひだを作っていく。

8 最後はしっかりと閉じる。

120

3 大・小の生地をセットする。

4 大きいほうの生地を両手の指先で直径
7〜8cmにのばす。中心が厚く、周り
が薄くなっているように。

5 小さいほうの生地を太白胡麻油（分量
外）につける。

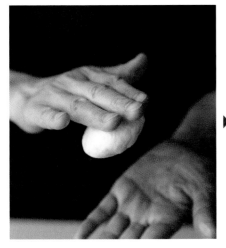

9 閉じ目の裏面に指先で水を塗り、手に
くっつくまでペタペタなじませる。

10 炒り胡麻をつける。

11 手で胡麻をしっかりと押さえる。

12 胡麻をつけた面を下にしてフライパンに並べ、蓋をして10分ほどおいて2次発酵させる。この間に肉そぼろを作るとよい。

13 フライパンを強火にかけ、熱くなって胡麻が固まったら、裏に返して弱火にし、蓋をして5分焼く。

14 また表に返して蓋をし、5分ほど蒸し焼きにする。

15 でき上がったものを指先で端を少し割って、

16 中の生地を取り出す。

17 中にできた空洞に挽肉そぼろをたっぷり詰める。抜いた生地もそのまま一緒に食べる。

肉そぼろのほか、油揚げと高菜漬けをみじん
切りにし、香味野菜と和えたものを詰めても
おいしい。

油条 *you tiao*

ヨーティアオ

1日の始まりである朝食は、元気に過ごすための源。だから中国の人たちは、3食のなかで朝食をいちばん大切にしています。油条（ヨーティアオ）はやさしい味だけどエネルギーもあり、民族や宗教に関係なく食べられるので全国民的な朝食。夏は緑豆粥、冬は小豆粥というように、豆乳やお粥といった水分の多いものと一緒にいただきます。油と小麦粉の相性の良さは、シンプルに揚げたてを食べるとよくわかります。中国では街角の屋台や店先で食べるものですが、作ってみると意外と簡単。ご自宅で手軽に再現できるので、ぜひお試しを。

◎材料（2個分）

薄力粉	100g
重曹	小さじ1/3
ミョウバン	小さじ1/3
塩	小さじ1/3
ぬるま湯	65ml
太白胡麻油	適量

◎作り方

1 p126～127を参照して生地を作り、3～4時間、室温で寝かせておく。朝に食べたい場合は、前の晩に仕込んでおくとよい。

2 麺台と手に太白胡麻油をつけて生地を取り出し、成形する。

3 170～180度に熱した太白胡麻油で揚げる。

◄ 温かい豆乳と

豆乳を沸騰させ、蓋をせずに弱火で10分ほど煮込むと香りが立ち、滑らかになって飲みやすい。

小豆のお粥と ►

小豆1/2カップを水で洗って水けをきり、鍋に押麦1/2カップも入れて水1.2リットルを加え、1時間ほど煮る。

◎油条の作り方

1 ボウルに薄力粉、重曹、ミョウバン、塩を入れ、ぬるま湯を2〜3回に分けて
　回し入れる。その都度、菜箸で根気よく混ぜ、粘り気のある生地にする。

2 菜箸についた生地をこそげ落とし、

 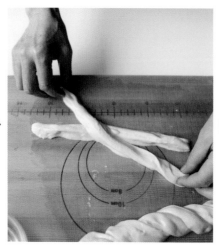

5 包丁で4等分にする。

6 それぞれを手で細長くし、2本ずつを交差させてねじり合わせる。両端をつまん
　で閉じる。

ボウルに固く絞った濡れ布巾をかけて、3〜4時間寝かせる。朝食べたい場合は、前の晩に作ってラップをかけておく。

3 重曹やミョウバンなどが入っていて水分も多いので、時間をかけてねかす。

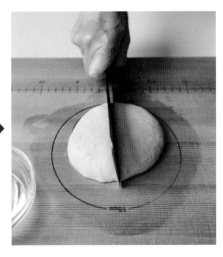

4 太白胡麻油を片手に多めにつけ、麺台と生地にも塗り、生地を麺台におく。

7 170〜180度に熱した太白胡麻油に生地を静かに入れる。

8 生地が倍ほどに膨らみ、きつね色に色づいたら菜箸で裏返す。

9 全体がこんがりときつね色になったら取り出す。

Special Thanks

『100gで作る北京小麦粉料理』を手に取ってくださったみなさまに、心より御礼を申し上げます。この本で、小麦粉料理のおいしさと楽しさを引き出してくれたのは、フォトグラファーの新居明子さん。スタイリストの伊藤まさこさんは、私物を持参して、私の器と組み合わせ、中国と日本の食卓を自然に融合させてくれました。クッキングサロンに通って4年目の藤井さんは、読者の目線を大切にした編集を。撮影現場で飛び交う意見を丁寧にすくい上げて形にしてくれたのは、アートディレクターの関 宙明さん。最後に、20年を経て再び北京小麦粉料理の本を出版していただく高橋書店と、日々私を支えてくれる宝もののようなスタッフ達に心からの感謝を。

ウー・ウェン

ウー・ウェン

中国・北京生まれ。1990年に来日。料理家、ウー・ウェン クッキングサロン主宰。
医食同源が根づいた中国の家庭料理とともに中国の暮らしや文化を伝えている。
主な著書『ウー・ウェンの炒めもの』『ウー・ウェンさんちの定番献立』（いずれも高橋書店）、『シンプルな一皿を究める 丁寧はかんたん』（講談社）、『料理の意味とその手立て』（タブレ）、『本当に大事なことはほんの少し』（大和書房）、『ウー・ウェンさんちの汁ものとおかず』（光文社）など。
ウー・ウェン クッキングサロン HP　https://cookingsalon.jp/
公式 Instagram　https://www.instagram.com/wuwen_cookingsalon/

アート・ディレクション、デザイン　関　宙明（ミスター・ユニバース）
写真　新居明子
スタイリング　伊藤まさこ
編集　藤井志織
プリンティング・ディレクター　金子雅一（凸版印刷）
企画・プロデュース　高橋インターナショナル

ウー・ウェンの100gで作る北京小麦粉料理

著　者　ウー・ウェン
発行者　高橋秀雄
発行所　株式会社 高橋書店
　　　　〒170-6014　東京都豊島区東池袋 3-1-1
　　　　サンシャイン60　14階
電　話　03-5957-7103
ISBN978-4-471-40879-4
© WU Wen Printed in Japan